Las huellas y rastros de los animales

por Mary Holland

¿Alguna vez has visto un zorrillo? ¿Un mapache? ¿O una marmosa? La mayoría de las personas no los han visto porque estos animales están activos durante las noches (nocturnos), justamente cuando nosotros estamos durmiendo. Y luego ellos están durmiendo en el día, cuando nosotros estamos despiertos.

Sin importar el lugar hacia el que vayan los animales nocturnos, ellos dejan todo tipo de rastros. Es divertido salir y buscar sus señales durante el día. Las huellas y otros rastros de animales pueden decirte quién ha estado allí, hacia dónde se fue y qué hizo durante la noche.

Cuando un animal camina en tierra, arena, lodo o nieve deja huellas (o impresiones de sus patas) en cada lugar que ha pisado. Fíjate en el lugar en el que encuentras las huellas. ¿Se desplazan cerca de una pared de piedra? ¿Están en la orilla de un río? ¿Cruzan un campo? Si van de árbol en árbol, es posible que las haya hecho una ardilla.

Cuando miras las huellas de un animal generalmente verás impresiones de dedos de patas. Diferentes animales tienen distintos números de dedos. Los mapaches tienen cinco dedos. Los linces tienen cuatro dedos, y un venado tiene dos dedos. Cuando encuentres la huella de un animal, cuenta el número de dedos y eso te puede ayudar a descifrar quién la hizo.

Los dedos apuntan en la dirección hacia la que el animal está viajando. ¿Hacia dónde está yendo el mapache?

La mayoría de las aves tienen cuatro dedos: tres al frente y uno en la parte trasera. Muchas aves vuelan más de lo que caminan, pero los pavos salvajes caminan más de lo que vuelan. Busca sus huellas en la nieve.

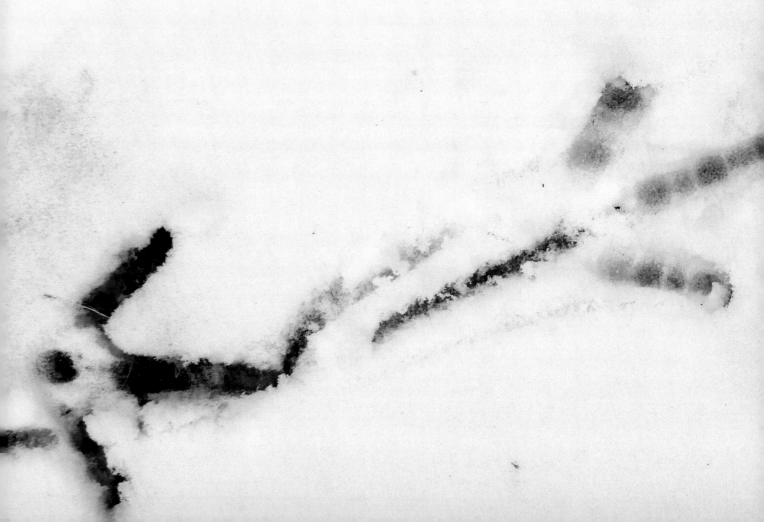

¿Te gusta andar en trineo? ¡A las nutrias de río también! Estas se recuestan en sus barrigas, levantan sus patas y se deslizan por las colinas y a lo largo de valles, dejando surcos en la nieve. ¿Cuántas nutrias crees que se deslizaron en esta colina?

Las huellas no son las únicas señales que dejan los animales. Algunas veces, cuando los animales están comiendo algo, dejan marcas en el lugar que se alimentaron. Los alces se comen la corteza de los árboles. Raspan hacia arriba el tronco de los árboles con su diente frontal e inferior con la intención de remover la corteza. El surco que dejan los dientes del alce generalmente se ubica en una parte alta del árbol, ¡ya que los alces son muy altos!

Al igual que las personas, todos los animales orinan y defecan (caca). Al igual que las huellas, la caca (excremento) de un tipo de animal puede ser bastante diferente a la de otro. Las heces de comadrejas, zorros y coyotes son largas y estrechas, con forma de dedo. Mientras que la caca de venado, ratón y conejo tiene forma de pelotillas. Mientras más grande sea el animal, ¡más grandes serán las pelotillas de heces!

Muchos animales tienen su propia área o territorio en donde encuentran comida para alimentarse y pueden formar una familia. Generalmente marcan su territorio al orinar o hacer caca en palos y rocas. Son como señalizaciones para que otros animales huelan y sepan quién vive allí.

¡Los osos negros marcan su territorio al arañar, frotar o escalar y morder árboles! Dejan su aroma en estos árboles para que otros osos los olfateen.

Cuando un animal se recuesta a
descansar, generalmente aplana
el pasto o derrite la nieve en
el lugar en que se ha acostado.
¿Puedes encontrar la cama de
un coyote en esta foto?

Muchos animales construyen casas para cuidar a
sus crías. Algunos cavan madrigueras en el suelo,
otros viven en árboles huecos y también están los
que construyen sus casas con ramitas, rocas, barro
o plantas. Ciertas casas, como las cabañas de los
castores, son fáciles de encontrar. Otras, como las
guaridas de los zorros, generalmente están escondidas
y son difíciles de ver.

La mayoría de las aves que forman una familia usan su nido una sola vez. Para el final del verano hay muchos nidos vacíos. Los ratones algunas veces usan los nidos de las aves como hogares durante el invierno. Recolectan algodoncillo, pelusa de espadaña u otros aislamientos y hacen un techo para el nido. Estarán cálidos y secos durante todo el invierno en su interior.

Puedes encontrar huellas, marcas, caca, señales de alimentación y hogares de animales en cualquier lugar en el que vivas. ¡Conviértete en un detective de huellas y rastros de animales! Incluso si no ves al animal, las señales que deja pueden decirte quién vive cerca de ti, además de los lugares a los que va, lo que come y muchísimas cosas más. ¿Qué señales de animales has encontrado? ¿Qué señales has dejado atrás?

Para las mentes creativas

¿Quién ha comido aqui?

Une cada animal con su señal de comida.

A. Los castores cortan los árboles con sus dientes y se comen la corteza.

B. Las ardillas rojas comen semillas en cucuruchos y las partes que no se comen se caen formando una pila (escombrera).

C. Los zorrillos cavan pequeños agujeros redondos en el suelo en búsqueda de insectos.

Respuestas: A2, B3, C1

¿De quién son estas huellas?

Une a cada animal con su huella.

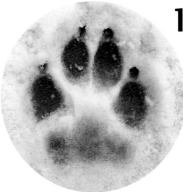

Un venado de cola blanca camina sobre dos uñas.

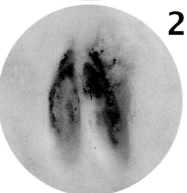

Los perros tienen cuatro dedos.

Las martas pescadoras y otras comadrejas tienen cinco dedos.

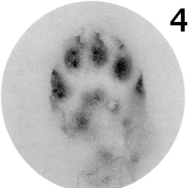

Las aves tienen tres dedos al frente y uno en la parte trasera.

Respuestas: Venado-2; Perro-1; Marta pescadora-4; Urogallo-3

Señales de animales para buscar

Los animales dejan todo tipo de señales de que han estado allí, no solamente huellas. Busca estas otras señales de animales a tu alrededor.

Telarañas

plumas

capullos

agujeros en las hojas masticadas por insectos

marcas de alas

nido de ave

casas de animales

cráneo

avisperos

huevas

gránulo de búho

caca

Otras señales de animales

Mosca: Dentro de una "pelota" redonda encontrada en una vara de oro (hiel) está una joven mosca esperando a la primavera para salir.

Castor: Los castores marcan su territorio al construir pilas de barro y hojas (montículos de olor). Dejan su aroma (castóreo) en el montículo, lo que indica a otros castores que deben alejarse.

Abeja mielera: Las abejas mieleras generalmente construyen sus panales de cera en cavidades de árboles, pero algunas veces los construyen en el exterior.

Carpintero norteamericano: Los carpinteros norteamericanos taladran grandes hoyos en los árboles buscando hormigas madereras para comer.

A mis detectives de huellas favoritos: Otis, Lily Piper y Leo —MH

Gracias a Hanna Gelroth, Directora de los Programas Escolares y de Desarrollo Profesional de los Docentes en el Instituto Nacional de Ciencia Natural de Vermont, por verificar la precisión de la información presente en este libro.

Library of Congress Cataloging-in-Publication Data

Names: Holland, Mary, 1946- author.
Title: Las huellas y rastros de los animales / por Mary Holland.
Other titles: Animal tracks and traces. Spanish
Description: Mt. Pleasant : Arbordale Publishing, LLC, [2020] | Includes bibliographical references. | Audience: Ages 7-8 | Audience: Grades 2-3
Identifiers: LCCN 2019051605 (print) | LCCN 2019051606 (ebook) | ISBN 9781643517575 (trade paperback) | ISBN 9781643517872 | ISBN 9781643517773 (epub)
Subjects: LCSH: Animal tracks--Juvenile literature. | Animal behavior--Juvenile literature.
Classification: LCC QL768 .H6518 2020 (print) | LCC QL768 (ebook) | DDC 591.47/9--dc23

Los animales en este libro incluyen: chupasavias de vientre amarillo (página del título), marmosa, ardilla gris, mapache, pavo salvaje, nutria de río norteamericana, alce, venado de cola blanca, zorrillo rojo, oso negro (portada y texto), coyote, castor, ratón de patas blancas y humanos.

Bibliography:

Holland, Mary. *Naturally Curious: A Photographic Field Guide and Month-By-Month Journey Through the Fields, Woods, and Marshes of New England.* North Pomfret, VT: Trafalgar Square Books, 2010. Book.
Weber, Jen Funk. Been There, Done That: Reading Animal Signs. Mt. Pleasant, SC: Arbordale Publishing, 2016. Book.

Elaborado en los EE.UU.
Este producto se ajusta al CPSIA 2008

Arbordale Publishing
Mt. Pleasant, SC 29464
www.ArbordalePublishing.com